Schnell auf den Teller

Die leichte Bistro-Küche

monte von DUMONT

Elsa Petersen-Schepelern

Schnell auf den Teller

Die leichte Bistro-Küche

Fotografien von Jeremy Hopley

Layout **Paul Tilby**
Rezeptauswahl **Elsa Petersen-Schepelern**
Creative Director **Jacqui Small**
Cheflektorat **Anne Ryland**
Produktion **Meryl Silbert**
Nahrungsdesign **Melina Keays**
Gestaltung **Page Marchese**
Bildredaktion (Assistenz) **Catherine Rowlands**
Fotografie der Autorin **Francis Loney**

Danksagung
Ich danke meiner Schwester Kirsten, Luc Votan, Peter Bray, Clare Ferguson, Sonia Tevenson, Nowelle und Clemente Valentino-Capezza sowie Susan und Tim. Dank auch an Becky Johnson für ihre enthusiastische und fundierte Mitarbeit und für ihre Hilfe beim Testen der Rezepte – und an das Fototeam, mit dem wir viel Spaß hatten. Bedanken möchte ich mich auch bei folgenden Keramikherstellern und Lieferanten für die Leihgaben der wunderschönen Schalen: Egg, Livingstone Studio, Oggetti, Maryse Boxer, Muji, Sue Parskeva und Divertimenti.

Einige Hinweise
Sofern nicht anders angegeben, sind sämtliche Löffel-Angaben gestrichene Maße.
Der Herd sollte auf die jeweilige Temperatur vorgeheizt werden. Bei Umluftherden beachten Sie bitte die Anweisungen des Herstellers.

Die Deutsche Bibliothek – CIP-Einheitsaufnahme
Schnell auf den Teller : die leichte Bistro-Küche / Elsa Petersen Schepelern. [Übers.: Dorit Schäffler]. - Köln : DuMont, 2000 (Monte von DuMont)
Einheitssacht.: Big bowl <dt.>
ISBN 3-7701-8584-6

Titel der australischen Originalausgabe:
Big bowl

Aus dem Englischen von Dorit Schäffler
Redaktion und Satz der deutschsprachigen Ausgabe: Agents – Producers – Editors, Overath
Umschlaggestaltung: BOROS, Wuppertal
Printed and bound in Hong Kong

ISBN 3-7701-8584-6

Inhalt

Einleitung	6
Suppen	8
Salate	20
Pasta, Reis und Bohnen	35
Fisch, Geflügel und Fleisch	44
Register	64

Einleitung

Diese 30 Rezepte sind nur eine kleine Auswahl meiner persönlichen Lieblingsgerichte. Ich koche sie als schnelle Eintöpfe für mich allein oder in größeren Mengen für Freunde zum zwanglosen gemeinsamen Essen. Wenn Sie die Mengenangaben erhöhen, können viele der Gerichte bei Partys serviert werden, um die Gäste in Stimmung zu halten. Auch für offiziellere Anlässe sind sie durchaus geeignet – Dinnerpartys, bei denen ich die feine Dame gebe! Der einzige Unterschied ist die Wahl des Geschirrs: Die Schalen sollten ein wenig schicker sein als beim zwangloseren Essen am Küchentisch.

In jeder Küche scheint es Gerichte zu geben, die man in einer großen Schale zubereiten kann. Ich selbst schätze besonders die frischen, delikat gewürzten und sehr aromatischen asiatischen Gerichte, ebenso die wunderbar milde europäische Küche wie zu Großmutters Zeiten.

Wählen Sie die Größe Ihrer Schale nach Appetit – meine ist im Winter riesig, im Sommer dagegen etwas bescheidener. Sie werden schnell wissen, welche Kategorie für Sie passt. Diese Rezepte sind jedenfalls nicht für den kleinen Hunger gedacht!

Singapur Laksa

Laksas gibt es in verschiedenen Arten auf der ganzen malaysischen Halbinsel. In Penang haben sie einen beinahe überwältigenden Fischgeschmack, während sie in Singapur sehr scharf sein können. Die hier vorgestellte Version ist milder. Die Zutaten können je nach Geschmack variiert werden. Die Grundlage sollte aber eine aromatische Brühe mit Nudeln sein. Ich persönlich bevorzuge japanische Somen-Nudeln, aber Glasnudeln sind wahrscheinlich leichter erhältlich.

2 EL Maiskeim- oder Erdnussöl

500 ml Kokosmilch

500 ml kochende Fisch- oder Hühnerbrühe

1 gekochte Hühnchenbrust, zerkleinert

2 fritierte chinesische Fischküchlein, in Scheiben geschnitten (nach Belieben)

12 ungekochte Garnelen (nach Belieben)

200 g Somen- oder Glasnudeln, nach Packungsanweisung eingeweicht

6 Frühlingszwiebeln

1 Bund Koriander

4 Hand voll Sojabohnensprossen, braune Enden entfernt

1 Bund Minze oder vietnamesische Minze

Würzpaste

3 Stengel Zitronengras, in Ringe geschnitten

4 Knoblauchzehen, in Scheiben geschnitten

2,5 cm frischer Ingwer, geschält und in Scheiben geschnitten

3 Schalotten, gehackt

4 Kemirie-Nüsse oder 8 blanchierte Mandeln

3 rote Chilischoten, geputzt

1 TL Kurkuma

1 TL Salz

1 TL Zucker, vorzugsweise brauner

Für 4 Personen

Zutaten für die Würzpaste fein mahlen, gegebenenfalls ein wenig Öl zugeben. Öl in einem Wok erhitzen und die Paste 6–8 Minuten braten, aber nicht anbrennen lassen. Kokosmilch und Brühe zugießen und 5 Minuten leicht köcheln, damit sich das Aroma entfaltet. Hühnchenfleisch, Fischküchlein und gegebenenfalls Garnelen zufügen und 2 Minuten köcheln, bis sie sich rosa färben. Nudeln vorbereiten. Nudeln, Hühnchenfleisch, Fischbällchen, Garnelen, Frühlingszwiebeln, Koriander, Sojabohnensprossen und Minze auf 4 große Schalen verteilen. Kokosbrühe darüber schöpfen und servieren.

Suppen

Thailändische Muschelsuppe

mit Kokosmilch und Zitronengras

Dieses Rezept ist die thailändische Version des französischen Klassikers ›Moules à la marinière‹. Die Geschäfte verkaufen meist Zuchtmuscheln, die nicht so so gründlich gereinigt werden müssen. Auf alle Fälle sollten Sie die Außenseite der Muscheln mit einer kleinen Bürste schrubben und den Bart entweder herausziehen oder abschneiden. Verwenden Sie nur fest geschlossene Muscheln. Dünsten Sie sie, bis sie sich öffnen und werfen Sie die weiterhin verschlossenen weg. Sie sollten die Muscheln stets kühl aufbewahren und sie noch am Tag des Kaufs verbrauchen. Das beste Muschelbesteck ist eine leere Muschel, mit der man wie mit einer Zange den Inhalt aus anderen Muschelschalen herauslösen kann.

1 Stengel Zitronengras

250 ml Fischfond oder Wasser

2 – 3 kg Muscheln

Kokosbrühe

3 Stengel Zitronengras, gehackt

2,5 cm frischer Ingwer, geschält und in Scheiben geschnitten

6 Kaffir-Limettenblätter, zerkleinert

3 Knoblauchzehen, in Scheiben geschnitten

1 – 2 EL Maiskeimöl

1 – 2 rote Chilischoten, in Ringe geschnitten

500 ml Fischfond

500 ml Kokosmilch

Zum Servieren

2 rote Chilischoten, in feine Ringe geschnitten

abgeriebene Schale von 3 Kaffir-Limetten

Korianderzweige

Für 4 Personen

Für die Kokosbrühe Zitronengras, Ingwer, Limettenblätter und Knoblauch in einer kleinen Küchenmaschine zu einer glatten Paste verarbeiten. Öl in einem Topf erhitzen, Paste und Chilischoten zugeben und scharf anbraten. Fischfond zugießen, aufkochen und 5 – 10 Minuten köcheln lassen. Kokosmilch zufügen und erhitzen, bis sie köchelt.

1 Stengel Zitronengras klein hacken und mit der Fischbrühe oder dem Wasser in eine tiefe Pfanne geben und schnell zum Kochen bringen. Die Muscheln schichtweise zufügen und so lange kochen, bis sie sich öffnen. Sofort auf 4 große Schalen verteilen.

Kokosbrühe über die Muscheln gießen. In Ringe geschnittene Chilischoten, Limettenschale und Koriander darüber streuen und sofort servieren. Eine leere Schüssel für die Muschelschalen bereithalten.

Chinesische Kostbarkeiten-Suppe

Sie können chinesisches Enten- oder Schweinefleisch selbst zubereiten, indem Sie es mit Chiliöl oder Honig und 5-Gewürze-Pulver einreiben und dann braten oder grillen. Je nach Geschmack kann man auch andere Kostbarkeiten zugeben, etwa Fisch- oder Schweinefleischbällchen und chinesisches Gemüse wie Bok Choy, Erbsensprossen, Lotuswurzel- oder Bambussprossen. Normalerweise ist die Zahl der Kostbarkeiten die magische Acht.

½ chinesische geröstete Ente, kleingeschnitten

1 chinesisches geröstetes Schweinerippchen (ca. 15 cm), in mundgerechte Stücke geschnitten (nach Belieben)

1 Möhre, längs halbiert und in feine Scheiben geschnitten

6 rohe Garnelen, geschält, mit Schwänzen ganz

2 Blöcke Tofu, gebraten

2 Blätter Chinakohl, in Streifen geschnitten

1 Hand voll frische Sojabohnensprossen, braune Enden entfernt

Wantans

250 g Schweinehackfleisch

3 Bambussprossen aus der Dose, gehackt

1 Prise Salz

12 Wantan-Hüllen

1 Eiweiß, steif geschlagen

Chinesische Brühe

2 l Hühnerbrühe

4 Sternanisse

10 cm frischer Ingwer, geschält und in feine Scheiben geschnitten

1 Zwiebel, in Ringe geschnitten

Für 4 Personen

Enten- und Schweinefleisch im Ofen bei 200 °C erhitzen. (Bei eigener Zubereitung bitte Hinweis unten beachten.)

Für die Wantans Schweinehack, Bambussprossen und Salz in einer Schale mischen. Je 1 Esslöffel der Mischung auf eine Wantan-Hülle geben und mit Eiweiß umstreichen. Zu einer Federballform drehen.

Für die Brühe alle Zutaten in einen Topf geben und 30 Minuten köcheln lassen. Feste Zutaten aussieben, dann die Brühe wieder in den ausgespülten Topf geben und aufkochen lassen. Zum Schluss die Möhre und die Wantans zufügen. 3–5 Minuten köcheln lassen, bis die Wantans nach oben kommen und die Füllung gar ist.

Garnelen, Tofu, Kohl und Wantans auf 4 große Schalen verteilen, dann die Brühe darüber schöpfen. Sojabohnensprossen sowie kleingeschnittenes Enten- und Schweinefleisch zufügen und mit Stäbchen und chinesischen Löffeln servieren.

Hinweis: Für den Ofen 1 Entenbrust mit 5-Gewürze-Pulver und Honig einreiben. In einem Bräter mit der Hautseite nach unten braten, bis das Fett herausläuft; dieses in Intervallen abschöpfen. Weitere 20 Minuten braten, bis die Haut knusprig ist. Wenden und weiter braten, bis das Fleisch außen braun und in der Mitte rosa ist. Herausnehmen und den Bratensaft anmachen. Das Fleisch in 1 cm dicke Scheiben schneiden.

Schweinefleisch mit Chiliöl einreiben und bei 240 °C sehr knusprig braten. Herausnehmen und Bratensaft anmachen, danach das Fleisch in mundgerechte Stücke schneiden.

Japanische Nudelsuppen sind schnell und einfach zubereitet. Der geräucherte Fisch kann beliebig ersetzt werden, zum Beispiel durch gekochtes Hühnchen, gebratenes Schweinefleisch, in feine Scheiben geschnittenes Rindfleisch oder blanchiertes Gemüse. Hauptsache, die Stücke eignen sich zum Essen mit Stäbchen. Dashi, die köstliche japanische Brühe mit ihrem Duft nach Meer wird aus Seetang und gemahlenem Bonito, einer Thunfischart, zubereitet und als Pulver oder flüssiges Konzentrat in größeren Supermärkten oder Asienläden verkauft.

Japanische Nudelsuppe

mit Seetang und geräuchertem Fisch

2 Pakete japanische Nudeln (Udon, Ramen, Somen oder Soba)

500 g geräucherter Schellfisch oder Kabeljau, gehäutet und in 4 Teile zerlegt

1 l Dashi (siehe Rezepteinführung)

1 kleines Paket Wakame-Seetang (nach Belieben)

4 Frühlingszwiebeln, diagonal in feine Ringe geschnitten

Japanisches 7-Gewürze-Pulver *Shichimi togarishi* (nach Belieben)

zum Servieren

Wasabi-Paste

japanische Sojasauce

Für 4 Personen

Nudeln nach Packungsanweisung zubereiten. Abgießen und anschließend in kaltes Wasser geben.

Fisch in eine Schale geben und kochendes Wasser darüber gießen. 2 Minuten ziehen lassen, dann abgießen. (Die Flüssigkeit kann auch für die Brühe verwendet werden, diese wird dann aber leicht trüb.)

Die Brühe erhitzen, Wakame-Seetang zufügen und aufkochen, dann Fisch und abgegossene Nudeln zugeben und weiter erhitzen. Nicht mehr kochen.

Sofort servieren und gegebenenfalls mit den Frühlingszwiebeln und japanischem 7-Gewürze-Pulver bestreuen. Kleine Schälchen mit Wasabi-Paste und Sojasauche dazu reichen.

Pho Bo – vietnamesische Nudelsuppe mit Rindfleisch

2 Pakete frische Ho-Fun-Nudeln oder 4 Bündel Banh Pho

1 Zwiebel, fein geschnitten

1 – 4 rote Chilischoten, geputzt und in feine Streifen geschnitten

125 g Rump- oder Filetsteak, in sehr feine Scheiben geschnitten

2 EL Limetten- oder Zitronensaft

1 Bund frischer Koriander

1 Bund vietnamesisches Basilikum (nicht die europäische Sorte nehmen, sonst lieber weglassen)

1 Bund vietnamesische Minze

1 Limette, geviertelt

75 ml *Nouc Mam* (vietnamesischer Fischfond), zum Servieren

Vietnamesische Rindfleischbrühe

3 l Rindfleischbrühe

3 – 4 Zwiebeln, in feine Ringe geschnitten

2,5 cm frischer Ingwer, in Scheiben geschnitten

8 Sternanis

½ Zitrone oder Limette, mit Schale

1 El Fischsauce

1 TL Zucker

Für 4 Personen

Der beste Koch in unserer Familie ist mein vietnamesischer Neffe. Er hat das Rezept-Repertoire der Familie um viele atemberaubend köstliche Gerichte wie dieses hier bereichert. Da in Vietnam zum Essen kein Salz gereicht wird, müssen die Gerichte bereits während der Zubereitung gut gewürzt werden. Luc verwendet frische Ho-Fun-Nudeln, die wie zu einem Buch gefaltet sind. Man bekommt sie schon gebrauchsfertig. Meistens sind sie schon richtig zugeschnitten; wenn nicht, dann schneiden Sie sie einfach in Streifen von 1 cm Breite. Wenn Sie die Rindfleischbrühe selbst kochen wollen, lassen Sie etwa 2 kg Rindfleisch und 750 g Gulaschsteak mit Zwiebeln und Gewürzen ca. 4 Stunden köcheln. Mir ist dies allerdings zu lang – ich schummel da lieber etwas.

Zuerst die Rindfleischbrühe ca. 15 Minuten in einem Topf mit den übrigen Zutaten kochen. Die getrockneten Nudeln in eine Schale legen und mit heißem Wasser bedecken. 30 Minuten einweichen lassen, dann mit kaltem Wasser abschrecken und darin bis zum Servieren liegen lassen. Die Ho-Fun-Nudeln vorsichtig in Streifen schneiden oder trennen.

Die Zwiebel 2 Minuten in kochendes Wasser legen. Die Nudeln kurz in kochendes Wasser tauchen, bis sie heiß sind, herausnehmen und auf 4 Schalen verteilen. Zwiebeln und Chilischoten zufügen, zum Schluß das Rindfleisch. Die kochende Brühe darüber schöpfen, dann den Zitronen- oder Limettensaft und die Kräuter zufügen. Mit Limettenstückchen und einem Schälchen Nuoc Mam (Vietnamesische oder nach Wunsch auch thailändische Fischfond), Stäbchen und evtl. einen Löffel servieren.

Zwei klassische Suppen aus der Toskana in einem Rezept – entweder noch am gleichen oder aufgewärmt am folgenden Tag als ›Ribollita‹ serviert. Die zugefügten Kopfsalatblätter sind zwar nicht typisch, aber ich mag den extra Biss!

Toskanische Ribollita

Die Bohnen 4–6 Stunden in kaltem Wasser einweichen. Abgießen und mit Zwiebelvierteln, der geviertelten Möhre und der Hälfte des Knoblauchs in einem Topf mit Wasser bedeckt zum Kochen bringen und gar köcheln lassen (Garzeit: ca. 1 Stunde, je nach Frische der Bohnen).

Suppe abgießen und Einlage herausnehmen. Die Hälfte der Bohnen in einer Küchenmaschine grob pürieren. Durch eine Kartoffelpresse drücken, um die Hautstücke zu entfernen.

4 Esslöffel Olivenöl in einem Topf erhitzen und die Zwiebel darin glasig dünsten. Danach Chilis und restlichen Knoblauch weitere 5 Minuten mitgaren. Tomaten, pürierte Bohnen, Salz und Pfeffer zufügen und 5 Minuten weiterkochen, bevor Lauch, Sellerie, Thymian, Kartoffeln, die übrigen Möhren und der Wirsing zugegeben werden. Das Ganze aufkochen lassen und ca. 20 Minuten gar köcheln.

Die übrigen ganzen Bohnen zufügen, abschmecken, erhitzen und sofort oder als Ribollita am nächsten Tag servieren.

Für die Ribollita zuerst die Suppe aufwärmen. Die Toasts mit Knoblauchbutter bestreichen und auf 4 große Schalen verteilen. Salatblätter zugeben, Suppe darüber schöpfen und mit ein wenig Olivenöl beträufeln. Zum Schluß mit Petersilie garnieren und servieren.

250 g getrocknete Cannellini-Bohnen

2 Zwiebeln (davon 1 geviertelt und 1 in Ringe geschnitten)

3 Möhren (davon 1 längs geviertelt und 2 in Scheiben geschnitten)

6 Knoblauchzehen, zerdrückt

6 EL Olivenöl (extra vergine)

1 frische Chilischote, geputzt und in Streifen geschnitten

250 g Tomaten, enthäutet und gehackt

1 Lauchstange, in Ringe geschnitten

2 Selleriestangen, fein gewürfelt

Thymianzweige

3 Frühkartoffeln, gewürfelt

1 Wirsing, in Streifen geschnitten

Meersalz und frisch gemahlener schwarzer Pfeffer

Ribollita

8 Scheiben Ciabatta, getoastet

4 EL Butter, mit 1 zerdrückten Knoblauchzehe vermengt

1 Kopfsalat, in Streifen geschnitten

4 EL Petersilie, gehackt (nach Belieben)

Für 4 Personen

Den klassischen Caesar Salat – das Mittagsgericht schlechthin für die Figurbewußten – gibt es in ganz unterschiedlichen Ausführungen.

Caesar Salat

Starköchin Julia Child ist der Meinung, in das Originalrezept gehörten keine Anchovis, sondern Worcestersauce. Früher enthielt der Salat außerdem ein 1-Minuten-Ei, aber wegen der Salmonellengefahr verwende ich heute ein weichgekochtes 4-Minuten-Ei. Besonders mag ich Mrs. Childs Servierempfehlung, die ganzen Salatblätter mit den Fingern in das Dressing zu dippen und nur die Croutons mit einer Gabel zu essen.

1 kleiner junger Kopfsalat

2 EL Olivenöl (extra vergine)

½ EL Zitronensaft plus 1 Zitrone, geviertelt

Meersalzflocken und frisch gemahlener schwarzer Pfeffer

Croutons

1 dicke Scheibe Challah-Brot (Mohn-Hefezopf), Brioche oder anderes Weißbrot

Öl und/oder Butter zum Braten

1 große Knoblauchzehe, zerdrückt

zum Servieren

3 – 4 Anchovis-Filets

1 mittelgroßes weichgekochtes Ei (4 Minuten), gepellt und halbiert oder geviertelt

Parmesankäse, mit einem Gemüseschäler gehobelt

Für 1 Person

Für die Croutons das Brot oder die Brioche leicht toasten. In große Würfel schneiden und Rinde entfernen. Öl und Butter in einer Pfanne erhitzen und Knoblauch zufügen. Brotwürfel zugeben und unter Wenden goldbraun rösten. Knoblauch nach ca. 1 Minute herausnehmen – vorsicht, dass er nicht anbrennt. Wenn die Würfel goldbraun sind, auf Küchenpapier abtropfen lassen.

Die Salatblätter in eine große Schale geben und mit Olivenöl beträufeln, dann mit den Händen im Öl wälzen. Mit Zitronensaft beträufeln und den Vorgang wiederholen.

Die Croutons auf 4 große Schalen verteilen und die angemachten Salatblätter darüber legen. Salz und viel frischen Pfeffer darüber streuen. Anchovis, Eier und gehobelten Parmesan zufügen und servieren.

Hinweis: Wenn Sie keine Anchovis mögen, geben Sie stattdessen 1 TL Worcestersauche zum Dressing.

Salate

Salat mit Blauschimmelkäse

mit knuspiger Pancetta und Pinienkernen

Ein Salat mit Kräuterzweigen und gemischten Salatblättern – pfeffrig, mild und bitter – mit einem Dressing aus Blauschimmelkäse! Er eignet sich als erster Gang für ein Menü, als Salatgang nach dem Fleisch oder, wie hier, für ein Mittagessen aus großer Schale.

2 EL Pinienkerne

1 EL Olivenöl zum Braten

8 – 12 Scheiben Pancetta (Bauchspeck), geräuchert

125 g Dolcellate, Gorgonzola oder anderer Blauschimmelkäse, in Würfel geschnitten

3 EL Olivenöl (extra vergine; nach Geschmack)

1 EL weißer Reisessig oder Zitronensaft (nach Geschmack)

gemischter Salat, pfeffrig wie Brunnenkresse und Senfkohl, bitter wie Friséesalat und milder Romana- oder Kopfsalat sowie herbe Raukenblätter

1 Avocado, mit einem Teelöffel zu kleinen Kugeln geformt (nach Belieben)

Meersalz und frisch gemahlener schwarzer Pfeffer

Für 4 Personen

Die Pinienkerne in eine trockene Pfanne geben, 1 – 2 Minuten goldbraun rösten und anschließend beiseite stellen.

Olivenöl in der Pfanne erhitzen, Pancetta zufügen und knusprig braten. Danach auf einem mit Küchenpapier ausgelegten Teller abtropfen lassen.

Den Käse in einer großen Salatschüssel mit einer Gabel zerbröckeln. Natives Olivenöl extra vergine und Essig oder Zitronensaft zufügen, solange mischen, bis die Masse eine locker cremige Konsistenz hat. Mit viel frisch gemahlenem schwarzem Pfeffer und Salz abschmecken.

Die Salatblätter auf das Dressing legen und gegebenenfalls die Avocado zufügen. Schließlich noch mit Pancetta und Pinienkernen bestreuen (knusprige Reste aus der Pfanne ebenso dazugeben).

Für Gäste eine große Salatschüssel servieren oder auf 4 kleinere Schalen verteilen. Viel Wein und etwas knuspriges Brot sind die perfekte Beilage.

Von diesem toskanischen Brotsalat gibt es so viele Variationen wie Köche. Der Trick ist, dass sich die Aromen gut miteinander verbinden, ohne dass das Brot matschig wird. Das Geheimnis liegt in ausgesucht reifen und besonders geschmackvollen Tomaten (meine Lieblingssorte ist ›Marmande‹).

Panzanella

6 sehr reife Eiertomaten

2 Knoblauchzehen

4 dicke Weißbrotscheiben vom Vortag

½ Gurke, entkernt, halbiert und quer in feine Scheiben geschnitten

1 rote Zwiebel, gewürfelt

1 EL Petersilie, gehackt

8 – 12 EL Olivenöl (extra vergine)

2 EL weißer Reisessig

1 TL Balsamico-Essig (nach Belieben)

1 Bund Basilikum, zerpflückt

12 Kapern, nach Geschmack auch mehr oder weniger (nach Belieben)

Meersalz und frisch gemahlener schwarzer Pfeffer

Für 4 Personen

Die Tomaten halbieren, mit Knoblauchsplittern spicken und im Ofen bei 200 °C für ca. 1 Stunde backen, bis sich die Haut zusammenzieht und die Flüssigkeit leicht verdampft ist.

In der Zwischenzeit das Brot in Stücke teilen und in eine Schale geben. Mit etwas Wasser anfeuchten. Tomaten, Gurke, Zwiebeln, Petersilie, Salz und Pfeffer zugeben. Anschließend mit Olivenöl und Essig beträufeln, gut unterheben und ca. 1 Stunde ziehen lassen. Basilikum und Kapern zufügen und dann servieren.

Variation: Das Brot im Ofen oder auf Holzkohle toasten, dann zerteilen.

Über die richtigen Zutaten für diesen Salat wird viel diskutiert. Manche halten sich nur an rohes Gemüse, was andere ablehnen. Normalerweise wird Dosenthunfisch verwendet, doch moderne Köche geben diesem feinen Rezept noch den letzten Schliff, indem sie frischen Thunfisch auf Holzkohle fast durchbraten. Sie können ihn auch 30 – 45 Minuten langsam in Olivenöl schmoren. Sie haben die Wahl.

Salat niçoise

500 g chinesische Schlangenbohnen, grüne Bohnen oder Zuckererbsen

125 g dicke Bohnen, enthäutet

2 orangefarbene, rote oder gelbe Paprika (nach Belieben)

1 Scheibe frischer Thunfisch, ca. 500 g

4 EL Olivenöl (extra vergine), und etwas zum Bestreichen

gemischte Salatblätter (nach Geschmack)

4 TL weißer Reisessig

8 Kirschtomaten, halbiert

12 – 20 schwarze provençalische Oliven

4 (4 Minuten lang) gekochte Eier (nach Belieben)

Basilikumzweiglein (nach Belieben)

4 – 8 Anchovis-Filets, abgetropft (nach Belieben)

Salz und frisch gemahlener schwarzer Pfeffer

Für 4 Personen

Die Schlangenbohnen in 7 cm lange Stücke schneiden, in kochendem Salzwasser bißfest garen und mit Eiswasser abschrecken. Dann trockentupfen.

Dicke Bohnen in kochendem Salzwasser garen. In Eiswasser abschrecken, abgießen und enthülsen. Gegebenenfalls Paprika zubereiten (siehe Hinweis).

Den Thunfisch mit 1 Esslöffel Olivenöl bestreichen und unter dem Ofengrill in einem Bräter außen knusprig und innen rosa grillen. In 1 cm dicke Scheiben schneiden.

Restliches Öl, Reisessig, Salz und Pfeffer auf 4 große Schalen verteilen und mit einer Gabel verschlagen. Salatblätter zufügen und gut unterheben. Anschließend Bohnen, Tomaten, Oliven und Thunfischscheiben zufügen. Gegebenenfalls die Eier vierteln und auf die Schalen verteilen. Schließlich je nachdem mit Basilikum, Anchovis-Filets, Meersalz und viel Pfeffer servieren.

Hinweis: Die Paprika zum Enthäuten über einer Flamme oder im Ofengrill schwarz werden lassen. Verkohlte Haut abziehen und Fleisch in Scheiben schneiden. Rohe Paprika schäle ich lieber mit einem Gemüseschäler, bevor ich sie putze und in Streifen schneide – die Paprikahaut ist meines Erachtens unverdaulich.

1 gebratene chinesische Ente

1 Pampelmuse

1 Tüte Sojabohnensprossen, braune Enden entfernt und in Eiswasser gelegt

8 EL leichtes Ölivenöl (kein extra vergine)

3 – 4 EL Reisessig

2 TL Sojasauce

4 TL Worcestersauce

250 g gemischter Salat

frisch gemahlener schwarzer Pfeffer

Für 4 Personen

Warmes Entenfleisch auf kaltem Salat serviert! Kaufen Sie eine gebratene chinesische Ente unzerteilt oder bereiten Sie Entenbrust wie in der Variation beschrieben zu. Auch Pampelmusen finden Sie auf vielen Wochenmärkten. Ähnlich wie bei großen festen Grapefruits halten die Fruchtstücke zusammen, ohne Saft zu verlieren. Wenn Sie sie nicht finden, verwenden Sie eine Grapefruit mit rosa Fruchtfleisch. Nehmen Sie Stäbchen zum Essen – sie sind das ideale Besteck für diesen Salat. Eigentlich eignen sie sich sowieso für fast alle Salatessen!

Chinesischer Entensalat

mit Pampelmuse und Sojabohnensprossen

Das Entenbrustfleisch in ganzen Stücken vom Knochen entfernen. Mit der Hautseite nach unten auf die Arbeitsfläche legen und quer in 3 cm dicke Streifen schneiden. Knusprige Haut von der restlichen Ente entfernen und 3 cm große Quadrate schneiden. Übriges Entenfleisch in möglichst große Stücke zerteilen.

Die Pampelmuse enthäuten und filetieren (die Filets dürfen ruhig in 2 oder 3 Stücke brechen). Dann die Sojabohnensprossen abgießen.

Olivenöl, Reisessig, Sojasauce, Pfeffer und Worcestersauce verrühren und auf 4 große Schalen verteilen. Salatblätter 3 – 4 Mal in dem Dressing wenden, bis sie ganz überzogen sind. Eine Handvoll Sojabohnensprosen, etwas zerkleinertes Entenfleisch mit der Brust und etwas knuspriger Haut zugeben. Die Pampelmuse darauf verteilen und servieren.

Variation: Sie haben keine chinesische Ente? Dann 4 Entenbrüste auf dem Holzkohlengrill (oder unter dem Ofengrill) in einem Bräter knusprig rösten. Danach weiter den Rezeptanweisungen folgen. Alternativ über Nacht in eine Marinade aus 125 ml Reisessig, 2 Esslöffel Sojasauce, 2 Esslöffel Fischfond (thailändische *Nam Pla* oder vietnamesische *Nouc Mam*) und 1 Esslöffel Chiliöl legen, dann grillen.

Thailändische Nudelsalate sind unglaublich einfach zuzubereiten und sehr aromatisch. Probieren Sie einfach aus, was Ihnen beliebt. Ich habe Garnelen verwendet, aber Sie können auch kleingeschnittenes gebratenes Schweine-, Hühner- oder Entenbrustfleisch nehmen. Reis-Vermicelli entsprechen dünnen Spaghetti, Reisnudeln breiteren Fettuccine. Die Mengen sind natürlich variabel.

Nudelsalat Thailändisch

mit Shiitake-Pilzen und Chilidressing

1 EL Sesamsamen

1 Bündel Reisnudeln oder Reis-Vermicelli

Korianderzweige

Wahlweise

½ Nashi-Birne, längs in Scheiben geschnitten

½ grüne Mango oder Papaya

½ kleine Schmorgurke

1 Handvoll Sojabohnensprossen, braune Enden entfernt

2 frische Shiitake-Pilze

1 Bündel Enokitake-Pilze

3 Kirschtomaten, halbiert

3 gekochte Tigergarnelen, geschält

2,5 cm Daikon-Rettich, geschält und in feine Scheiben geschnitten

Chilidressing

1 TL Chiliöl

1 TL Fischsauce

2 TL Limettensaft

1 TL Pflanzenöl

½ TL Sojasauce

½ TL Zucker

Für 1 Person

Den Sesamsamen in einer Pfanne 1-2 Minuten trocken goldbraun rösten und beiseite stellen. Die Dressing-Zutaten in einer kleinen Schale oder einem verschließbaren Glas mixen.

Die Reisnudeln in einer Schüssel 10 Minuten, die Vermicelli 3 Minuten mit kochendem Wasser bedecken. Abgießen, in kaltem Wasser abschrecken, wieder abgießen und in einer Schüssel mit Wasser und Eiswürfeln bedecken. Vor dem Servieren abgießen.

Die Mango oder Papaya mit einem Gemüseschäler schälen und das Fruchtfleisch diagonal in Streifen schneiden. Die Gurke längs halbieren, entkernen und schälen, dabei grüne Streifen übrig lassen. Schräg in feine Scheiben schneiden. Die Stiele der Shiitake-Pilze entfernen und die Kappen quer in 4 – 6 Scheiben schneiden. Die Wurzeln der Enokitake-Pilze abschneiden.

Das Dressing in eine große Schale gießen, die abgetropften Nudeln unterheben und schließlich nach Belieben die Zutaten darüber verteilen. Anschließend mit Sesamsamen und Koriander bestreut servieren.

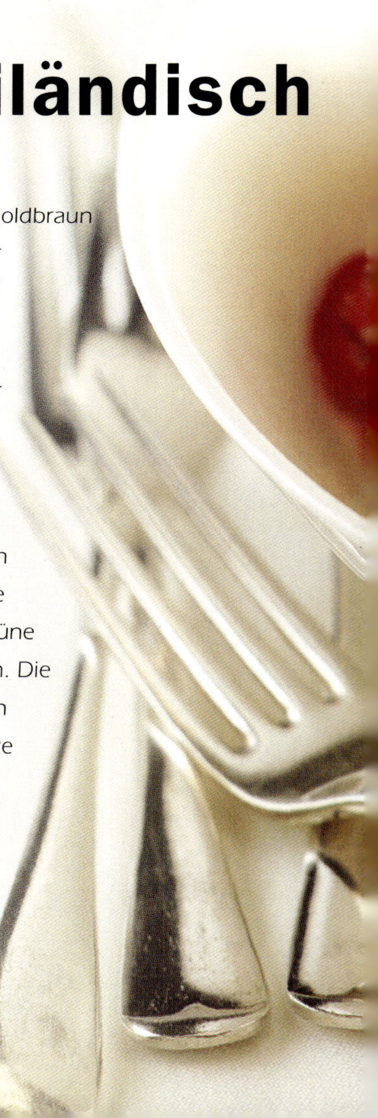

Die Dip-Zutaten in einem Topf 5 Minuten köcheln lassen, dann kalt stellen. Nudeln nach Packungsanweisung zubereiten, abgießen, in kaltem Wasser abschrecken und auf Eis schnell erkalten lassen. Kühl stellen.

Shiitake-Pilze in einem Topf mit 250 ml kochendem Wasser einweichen, anschließend die Stiele entfernen. Sojasauce und Mirin zufügen, aufkochen und einige Minuten köcheln lassen, bis die Flüssigkeit etwas reduziert ist. Kalt stellen.

Garnelen in köchelndem Salzwasser 1 Minute pochieren, bis sie fest sind, dann schälen; dabei die Schwänze intakt lassen. Den Rücken jeder Garnele aufschneiden. Kühl stellen.

Die Nudeln in eine Schale füllen. Garnelen, Frühlingszwiebeln und Pilze mit den Eiswürfeln anrichten. Anschließend die Pilzsauce darauf verteilen. Dazu Wasabi-Paste und den Dip in extra Schälchen reichen.

400 g Soba-Nudeln

12 getrocknete Shiitake-Pilze

2 EL Sojasauce

2 EL Mirin

12 rohe Garnelen

12 Frühlingszwiebeln, in feine Ringe geschnitten

4 EL Wasabi-Paste

Dip

250 ml Dashi-Brühe

125 ml chinesischer Reis- oder Ingwerwein

Für 4 Personen

Soba-Nudeln werden aus Buchweizen hergestellt. Da sie fester als andere Nudeln sind, eignen sie sich gut für Salatkombinationen. Aber auch andere japanische Nudelsorten schmecken kalt serviert köstlich, zum Beispiel Somen-Nudeln oder die breiteren Udon-Bandnudeln. Dieser Salat ist unendlich variierbar. Sie können die Garnelen durch Hühnerbrust- oder Entenbrustscheiben, pochierten Fisch (frisch oder geräuchert) und ein paar Salatblätter ersetzen. Mirin ist ein chinesischer Reiswein, alternativ ist trockener Sherry zu empfehlen. Ich persönlich bevorzuge allerdings süßen und würzigen Ingwerwein. Dashi-Brühe ist als Pulver oder Konzentrat in Asiengeschäften erhältlich.

Kalter Salat aus japanischen Soba-Nudeln

Pasta,

Frischer Nudelteig

50 g Mehl

2 Eier

2 Eigelb

eine Prise Salz

Pesto- und Gorgonzolasauce

125 g Gorgonzola oder Dolcellate-Käse, klein geschnitten

125 ml Milch

75 ml Crème double

25 g Butter

4 EL Pesto und etwas zum Servieren

zum Servieren

Basilikumzweiglein

Parmesan, gehobelt

Meersalz und zerstoßener schwarzer Pfeffer

Für 4 Personen

Eine sündhaft köstliche Kombination zweier reichhaltiger Nudelsaucen – einfach herrlich! Bereiten Sie die Nudeln frisch oder nach Packungsanweisung zu.

Fettuccine

mit Pesto- und Gorgonzolasauce

Bei eigener Nudelherstellung alle Nudelzutaten in einer Küchenmaschine zu einem glatten, festen Teig kneten. Dann durch eine Nudelmaschine drehen und mit dem Teigschneider in Fettuccine schneiden.

Für die Sauce Käse mit Milch, Crème double und Butter in einem Topf schmelzen und unter Rühren ca. 5 Minuten eindicken.*

Fertignudeln in Salzwasser in einem großen Topf bissfest kochen, frische Nudeln so lange, bis sie nach oben kommen (ca. 1–2 Minuten). Abgießen und auf 4 große Schalen verteilen. Die Sauce löffelweise darüber schöpfen und abschließend je einen Teelöffel Pesto extra und einen Basilikumzweige darauf verteilen. Dazu Parmesan reichen und ein kleines Schälchen mit Meersalz und Pfeffer.

***Hinweis:** Hier kann auch das Pesto in die Sauce gerührt werden oder zum Schluß vor dem Servieren auf die Nudeln gegeben werden.

Reis und Bohnen

Kürbisrisotto

Die pazifische Antwort auf Risotto alla Zucca. Kürbis ist ein vielgeliebtes Gemüse auf den neuseeländischen Antipoden und wird gebraten, püriert oder als Suppe gereicht. Ich verwende nur Kürbisse mit grüner oder grauer Schale, denn sie sind trockener und fester als der wässrige Gartenkürbis, zudem verfügen sie über einen intensiveren Geschmack und eine bessere Konsistenz.

500 g Kürbis, geschält, entkernt und in große Stücke geschnitten

4 Kartoffeln, in große Stücke geschnitten (nach Belieben)

2 EL Butter

Milch (nach Belieben)

4 EL Olivenöl

2 Zwiebeln, klein gehackt

2 dicke Knoblauchzehen, zerdrückt

400 g Risottoreis

1 l kochende Hühnerbrühe

zum Servieren

Parmesan, gehobelt

Kürbis-Chips (siehe Hinweis)

Kerbelzweige (nach Belieben)

Für 4 Personen

Kürbis und gegebenenfalls Kartoffeln in einem Topf weich köcheln. Abgießen und mit der Hälfte der Butter cremig rühren – die Konsistenz sollte dickflüssig sein (gegebenenfalls etwas Milch zufügen).

Öl und restliche Butter in einer Pfanne erhitzen und die Zwiebeln darin glasig dünsten. Dann den Knoblauch leicht bräunen (ca. 1 – 2 Minuten). Den Reis zufügen und 1 – 2 Minuten anbraten, bis er gut mit Öl bedeckt ist. ½ Liter Brühe zugeben und unter Rühren leise köcheln lassen, bis die Flüssigkeit absorbiert ist. Den Vorgang wiederholen, bis die Brühe verbraucht ist und das Risotto eine cremig-luftige Konsistenz hat. Kürbis unterrühren und dann mit Parmesan, Kürbis-Chips sowie Kerbel bestreut servieren.

Hinweis: Für die Kürbis-Chips Fruchtfleisch (mit Haut) mit einem Gemüseschäler in feine Scheiben schneiden und in Pflanzenöl knusprig fritieren. Auf Küchenpapier abtropfen lassen.

Ful Medames

mit Tabbouleh und Fladenbrot

Ein einfaches und köstliches Rezept aus Ägypten, mit wunderbarem arabischem Fladenbrot als Vorspeise oder Hauptgericht serviert: Eigentlich sind Taubeneier die traditionelle Beilage; einige Stunden mit Zwiebelschalen gekocht, erhalten sie eine außergewöhnliche Farbe und Konsistenz. Eine kleine Schale mit Wachteleiern ist aber auch ein ganz guter Kompromiss.

250 g dicke Bohnen, getrocknet

8 Frühlingszwiebeln, in Ringe geschnitten

2 – 4 Knoblauchzehen, zerdrückt

4 EL Olivenöl

1 Bund Petersilie, gehackt

Schale und Saft von 1 Zitrone

Meersalz und zerstoßener Pfeffer

Tabbouleh

125 g gerösteter Buchweizen

2 große reife Tomaten

1 Bund glatte Petersilie

1 großer Bund Minze

3 Frühlingszwiebeln, in Ringe geschnitten

2 EL fruchtiges Olivenöl

1 EL Zitronensaft

Meersalz und zerstoßener Pfeffer

zum Servieren

Petersilienzweige

8 Wachteleier, gekocht

Fladenbrot

Für 4 Personen

Die Bohnen 6 – 8 Stunden in kaltem Wasser einweichen, abgießen und in einem Topf mit Wasser bedeckt aufkochen lassen. Wasser abschöpfen und bei geringer Hitze etwa 1 Stunde weich köcheln. Dann die Flüssigkeit abgießen. Inzwischen den Knoblauch in einer Schüssel mit dem Öl mischen, salzen und pfeffern, die Bohnen zugeben und mit dem Knoblauchöl verrühren. Abschmecken und nach Belieben Meersalz und zerstoßenen Pfeffer zugeben. Mit einer Gabel gehackte Petersilie sowie Zitronensaft und -schale unterziehen.

Für die Tabbouleh Buchweizen 20 Minuten in Wasser einweichen, dann abgießen. Die Tomaten enthäuten, entkernen und klein schneiden. Petersilie und Minze klein hacken. Tomaten, Buchweizen, gehackte Kräuter, Frühlingszwiebeln und Pfeffer in einer Schale mit Olivenöl und Zitronensaft beträufeln, gut unterheben und abschmecken.

Zum Servieren die Bohnen mit einer großen Schöpfkelle auf 4 große Schalen verteilen. Die Tabbouleh ebenso anrichten und mit Petersilie und Zitronenschale bestreuen. Warm mit Fladenbrot und einem Schälchen mit gekochten Wachteleiern servieren.

Variation: Ful Medames und Tabbouleh lassen sich gut in Fladenbrot (bestrichen mit Hummus) oder in knackige Salatblätter einwickeln.

Tortelloni

mit Walnuss-Sauce

Die Walnuss-Sauce schmeckt vorzüglich zu Nudeln und verstärkt den Geschmack der Tortellonifüllung. Aber vorsicht, die Sauce ist sehr mächtig, deshalb brauchen Sie nur ganz wenig. Auch als Füllung für Hühnerbrust oder zu gegrilltem Steak sollten Sie sie probieren.

Für die Sauce Öl in einer kleinen Pfanne erhitzen und den Knoblauch ca. 1 Minute darin anbraten, bis er schön braun ist. Walnüsse, Petersilie, Ricotta, Sahne, Knoblauch und Olivenöl in einer Küchenmaschine mixen. Die Sauce kurz vor dem Servieren noch einmal einige Minuten in einem Topf unter Rühren erhitzen, bis sie ein wenig verdünnt ist, gegebenenfalls etwas Wasser zugeben.

Für die Tortelloni einen Nudelteig zubereiten (siehe Seite 34). Ricotta, Parmesan, Spinat, Basilikum, Muskatnuss und Gewürze mischen. Den Nudelteig ausrollen und mit einer Espresso-Untertasse Kreise ausstechen. Die Ränder mit Eigelb bestreichen und jeweils 1 – 2 Esslöffel der Ricotta-Masse in die Mitte des Kreises geben. Zu Halbkreisen zusammenklappen und gut zudrücken. Die Ränder wie zu einer Hutkrempe zusammenlegen und gut aufeinanderdrücken und wieder mit Eigelb bestreichen.

Tortelloni in Salzwasser kochen, bis Sie aufsteigen; 2 Minuten weiterkochen. In 4 Schalen je 3 – 5 Tortelloni legen und Sauce darüber gießen.

Tortelloni

150 g Ricotta

4 EL Parmesan, gerieben

125 g gekochter Spinat, klein gehackt

10 Basilikumblätter, klein gezupft

¼ TL geriebene Muskatnuss

Meersalz und frisch gemahlener schwarzer Pfeffer

frisch zubereiteter Nudelteig (siehe Seite 34)

1 Eigelb, geschlagen

Walnusssauce

2 EL Olivenöl

2 Knoblauchzehen, in Scheiben geschnitten

100 g frisch geknackte Walnüsse, blanchiert und geschält*

40 g glatte Petersilie, gehackt

125 g Ricotta

250 ml Sahne oder Crème fraîche

Salz und Pfeffer

Für 4 Personen

***Hinweis:** Die Walnüsse müssen zwar nicht blanchiert und abgezogen sein, Geschmack und Farbe werden so jedoch viel intensiver. Die Prozedur ist etwas zeitaufwendig, aber abgezogene Walnüsse lassen sich auch einfrieren.

Marokkanische Harira-Suppe

mit Kichererbsen und Linsen

Dieses sättigende Gericht aus Kichererbsen ist eigentlich ein Eintopf und wird in der muslimischen Fastenzeit, dem Ramadan gegessen. Eigentlich gehört auch Lammfleisch dazu, ich habe es hier aber für die Vegetarier weggelassen.

100 g getrocknete Kichererbsen

125 g gelbe Linsen oder getrocknete Splittererbsen

2 EL Butter

1 EL Olivenöl

2 Zwiebeln, gerieben

2 Knoblauchzehen, zerdrückt

2,5 cm frischer Ingwer, gerieben

1 TL Kurkuma, gemahlen

1 Zimtstange

500 ml zerdrückte Tomaten oder 1 kg frische Tomaten ohne Haut, entkernt und kleingehackt

Saft von 1 Zitrone

Meersalz und zerstoßene Pfefferkörner

zum Servieren

Korianderblätter, kleingezupft

8 Wachteleier, gekocht (nach Belieben)

Für 4 Personen

Die Kichererbsen 6–8 Stunden in kaltem Wasser einweichen. Nach dem Abgießen in einem Topf mit kochendem Wasser übergießen und etwa 1 Stunde leise köcheln lassen. Die Flüssigkeit abgießen. Sie kann für die weitere Zubereitung verwendet werden.

Die Linsen oder getrocknete Splittererbsen in einem Topf mit 750 ml Wasser zum Kochen bringen und bei geringer Hitze 15–20 Minuten köcheln lassen.

Butter und Öl in einer Bratpfanne erhitzen, Zwiebeln zugeben und glasig braten. Knoblauch, Ingwer, Zimt und Kurkuma zugeben und weitere 5 Minuten anbraten. 750 ml kochendes Wasser zugeben und 30 Minuten garen lassen. Linsen, Kichererbsen und Tomaten zugeben, gut umrühren, dann ca. 15 Minuten köcheln lassen, damit sich das Aroma ganz entfaltet. Mit Zitronensaft, viel Pfeffer und Meersalz abschmecken.

In großen Schalen mit Korianderblättern bestreut servieren, dazu nach Belieben Wachteleier reichen.

Hinweis: Wenn erforderlich, kann die Sauce auch mit 2 EL Beurre Manié (1 Esslöffel Maismehl mit 1 Esslöffel Butter verkneten) angedickt werden. Diese hierzu unterrühren und die Sauce einige Minuten kochen lassen.

Fisch, Gef

Garen Sie die Garnelen ungeschält, denn das wunderbare Aroma verbirgt sich eigentlich in der Schale. Bei diesem vietnamesisch inspirierten Gericht schält jeder seine Garnelen selbst. Deshalb die große Schüssel für die Schalen und die Servietten nicht vergessen. Hier wird mit den Händen gegessen!

Garnelen, im Ofen gegrillt

in einer Marinade aus Chili und Zitronengras

1 Esslöffel Öl in einer kleinen Pfanne erhitzen und den Knoblauch darin 1 Minute goldbraun braten. Diesen auf einen flachen Teller geben und mit 2 Esslöffeln Olivenöl und den nächsten 9 Zutaten mischen.

Die Garnelen abwaschen (nicht zu lange, damit das Aroma erhalten bleibt). Den Garnelen einen Zahnstocher in den Nacken zwischen Kopf und Schale stechen und den Darm damit möglichst an einem Stück herausziehen. Die Garnelen auf dem Teller in dem Kräuteröl wenden. Marinierzeit: 30 Minuten

Einen Bräter unter dem Grill erhitzen, das restliche Öl zugeben und wieder erhitzen. Die Garnelen portionsweise zufügen und 3 – 5 Minuten von jeder Seite grillen, bis die Schalen eine rote Farbe annehmen und das Fleisch rosa wird (die Garzeit hängt von der Größe der Garnelen ab).

Anschließend die Garnelen in vorgewärmte Schalen geben. Mit Korianderzweigen und Limettenschale servieren. Dazu sollten Fischfond, Limettenviertel und ein Korb mit heißen Tüchern gereicht werden.

4 EL Mais- oder Erdnußöl

2 Knoblauchzehen, zerdrückt

6 rote Serrano-Chilis, in sehr feine Streifen geschnitten

3 EL Fischfond (*nam pla* oder *nuoc mam*)

1 TL Salz

3 EL Reisessig

1 EL Zucker

6 Kaffir-Limettenblätter, in feine Streifen geschnitten

3 Zitronengras-Stängel, längs halbiert und kleingehackt

1 große Zwiebel, sehr fein gehackt

Saft von 3 Zitronen

etwa 250 – 500 g ganze rohe Garnelen pro Person

zum Servieren

Korianderzweige

abgeriebene Schale von der Kaffir-Limette

Fischfond (*nam pla* oder *nuoc mam*)

Limettenviertel

Für 4 Personen

ügel und Fleisch

Bengalisches Fischcurry

mit Kokos-Basmatireis

Bengalen ist bekannt als eine der kulinarisch reizvollsten Regionen Indiens, ein Land, in dem jeder Staat eine eigene landestypische Küche hat, die so unverkennbar ist wie etwa die französische oder italienische Küche. Typisch ist außerdem die Verwendung von aromatischem Senföl zum Braten, besonders für Fisch. Senföl findet man in manchen asiatischen Lebensmittelgeschäften. Sollten Sie aber dennoch keines finden, dann verwenden Sie stattdessen Sonnenblumenöl mit einigen Senfkörnern. Nehmen Sie keinen zu feinen Fisch, der leicht auseinanderfällt, sondern wählen Sie eher Meeräsche oder Kabeljau.

1 TL Salz

2 TL Kurkuma, gemahlen

1 kg dicke Fischfilets, in 8 – 10 cm große Stücke geschnitten

4 EL Senf- oder Sonnenblumenöl

4 Zwiebeln, geviertelt, die Schichten getrennt

1 EL Knoblauch, gehackt

2,5 cm frischer Ingwer, gerieben

1 milde Chilischote, geputzt und in Streifen geschnitten

6 Kardamomkapseln, zerstoßen

1 EL Senfkörner

250 ml Naturjoghurt

250 ml Kokosmilch

Kokos-Basmatireis

1 Tasse Basmatireis, mehrmals gewaschen

1 TL Salz

2 EL Kokosmilch

4 Korianderzweige zum Servieren

Für 4 Personen

Salz und Kurkuma mischen und den Fisch damit einreiben. Öl in einer Pfanne oder einem Wok erhitzen und den Fisch einige Minuten von jeder Seite fast durchbraten. Warm stellen.

Die Zwiebeln zufügen und langsam glasig dünsten. Bei starker Hitze goldbraun braten. Knoblauch und Ingwer zugeben und anbraten, so dass der Knoblauch gar, aber nicht braun wird. Anschließend Chili, Kardamom und Senfsamen zufügen und so lange anbraten, bis die Samen aufplatzen. Joghurt und Kokosmilch unterrühren und leicht erhitzen. Nicht aufkochen. Den Fisch zugeben und ca. 5 Minuten leicht köcheln lassen, bis er ganz durchgegart ist.

Inzwischen Reis, Salz und Kokosmilch in einem Topf mit so viel kaltem Wasser bedecken, dass es 2 cm über dem Reis steht. Zum Kochen bringen und bei geschlossenem Deckel bei geringer Hitze 12 – 15 Minuten leise köcheln lassen, bis das Wasser absorbiert und der Reis locker ist. Den Herd abschalten und den Topf weitere 15 Minuten stehen lassen.

Den Reis auf 4 große Schalen verteilen und den Fisch darauf anrichten. Die Sauce darüber schöpfen und mit Korianderzweigen garnieren.

Meeresfrüchte alla Neapolitana

Dieses köstliche Gericht erinnert mich immer an wunderbare Ferien mit meinem Cousin in Neapel. Der Fischmarkt dort hat so frische Meeresfrüchte, dass Sie aufpassen müssen, nicht gebissen oder von frechen Schalentieren mit Wasser bespritzt zu werden. Variieren Sie diesen Suppeneintopf mit beliebigen Zutaten. In jedem Fall sollten aber dickes weißes Fischfleisch und Schalentiere wie beispielsweise Garnelen darin vorkommen.

4 große Knoblauchzehen, zerdrückt

1 Bund Thymian oder Rosmarin

12 Venusmuscheln oder andere zweischalige Muscheln

12 Miesmuscheln

ca. 4 EL Olivenöl

2 große Zwiebeln, in Stücke geschnitten

8 sehr reife Tomaten, enthäutet, halbiert und entkernt

1 kg dicke Fischfilets ohne Gräten, z. B. Kabeljau

4 – 8 kleine ganze Fische, zum Beispiel Hornhecht, gereinigt und geschuppt (nach Belieben)

8 rohe Garnelen

1 l kochende Fischbrühe

Meersalz und frisch gemahlener schwarzer Pfeffer

Für 4 Personen

250 ml Wasser, 1 zerdrückte Knoblauchzehe und die Hälfte der Kräuter in einem Topf aufkochen und köcheln lassen, bis sich das Aroma ganz entfaltet hat. Die Venusmuscheln zufügen und zugedeckt bei starker Hitze kochen, dabei gelegentlich an dem Topf rütteln. Herausnehmen, sobald sie sich öffnen (nach ca. 1 Minute) und sofort auf einen Teller legen. Die Miesmuscheln zugedeckt so lange kochen, bis sie sich öffnen. Herausnehmen und zu den Venusmuscheln geben. Die Brühe abschmecken und durch einen Kaffeefilter in eine Tasse gießen, sofern sie nicht zu sandig ist.

Öl in einer großen Bratpfanne erhitzen, Zwiebelstücke darin von beiden Seiten leicht bräunen lassen und bei geringer Hitze weich dünsten. Den restlichen Knoblauch unterrühren und einige Minuten weiter goldbraun braten. Anschließend viel Pfeffer und Tomaten, übrige Kräuter, Fisch und Garnelen zufügen. Die Brühe zugießen und erhitzen, aber nicht aufkochen. Einige Minuten köcheln lassen, bis der Fisch gar ist. Venus-, Miesmuscheln und gegebenenfalls die abgeseihte Muschelbrühe zufügen. Noch einmal erhitzen und abschmecken.

Die Suppe auf 4 große Schalen verteilen. Mit knusprigem Weißbrot und einem leichten Rotwein oder würzigen Weißwein aus Süditalien servieren.

Cassoulet

mit ofengegrillter Entenbrust und Knoblauchwurst

Cassoulets sind hervorragende Gerichte für den Winter. Sie bestehen stets aus Bohnen und verschiedensten Fleischsorten. Das traditionelle französische Gericht aus Toulouse sollte mit einem *confit* aus Enten- oder Gänsefleisch und Knoblauchwurst zubereitet werden. Oft enthalten sie jedoch zum meiner Enttäuschung viel mehr Bohnen und Wurst. Deshalb habe ich dieses Rezept zu Gunsten von ofengegrillter Entenbrust abgewandelt. Hierbei verwende ich eine italienische Gremolata. Bevorzugen Sie den authentischen Geschmack, dann streuen Sie Brotkrumen über das Gericht.

2 große Entenbrustücke

4 grobe Schweinefleischwürste oder Knoblauchwürste Toulouser Art

2 EL Olivenöl

4 Knoblauchzehen, zerdrückt

200 g Tomaten, zerdrückt

1 Sträußchen Thymian, Lorbeerblätter und Petersilie

kochende Hühnerbrühe (siehe Rezept)

weiße Bohnen, 6 – 8 Stunden eingeweicht und ohne Salz weich gekocht

Gremolata

4 EL Petersilie, gehackt

1 Knoblauchzehe, zerdrückt

abgeriebene Schale von 1 Zitrone

Für 4 Personen

Das Entenfleisch mit der Hautseite nach unten in einem Bräter bei starker Hitze grillen, bis das Fett herausläuft. Hitze auf mittlere Temperatur reduzieren und die Wurst hineingeben. Von Zeit zu Zeit das Fett abschöpfen, bis die Haut knusprig ist und die Würste gebräunt sind. Das Fleisch wenden und gelegentlich Fett abschöpfen.

Öl in einer Kasserolle erhitzen, Knoblauch hineingeben und 1 Minute goldbraun anbraten. Tomaten, Kräuter, Entenbrust und Würste zufügen, anschließend die Brühe zugießen, bis das Fleisch bedeckt ist. Aufkochen und auf der oberen Ofenschiene ca. 35 Minuten köcheln lassen. Das Entenfleisch herausheben und in 1 cm dicke Scheiben schneiden.

Je eine Schicht gekochte Bohnen auf den Boden von 4 hitzebeständigen großen Schalen legen. Eine Schicht Wurst und Entenbrustscheiben darüberlegen und noch eine Schicht Bohnen. Die Brühe so lange kochen, bis sie eingedickt ist, und über die 4 Schalen gießen. Die Bohnen dabei fast bedecken. Im vorgeheizten Ofen bei 200 °C backen, bis sich eine leicht braune Kruste gebildet hat.*

Gremolata-Zutaten mischen, über jede Schale streuen und servieren. Ein leichter Salat reicht als Beilage schon aus.

***Hinweis:** Alternativ kann das Cassoulet auch in einer großen Kasserolle zubereitet und anschließend in großen Schalen serviert werden.

Rindfleisch-Carbonade

mit Pilzen und Kartoffelpüree

Probieren Sie einmal in Bier eingelegtes Rindfleisch mit einer vorzüglichen Bratensauce, wie es in Nordfrankreich und Belgien gegessen wird. Große, in dicke Scheiben geschnittene Pilze, gebraten in Butter oder Olivenöl, und viel gutes Kartoffelpüree eignen sich hervorragend für die Sauce. Im Originalrezept wird das Fleisch mit Butter zubereitet, ich bevorzuge aber Olivenöl. Beides zusammen geht auch. Traditionell werden geröstete Toastbrotscheiben dazu gereicht, ich selbst habe Kartoffelpüree gewählt. Ganz wie Sie wünschen!

1,5 kg geschmortes Rindfleisch

2 – 4 EL Olivenöl

2 große Zwiebeln, in feine Ringe geschnitten

2 Knoblauchzehen, zerdrückt

2 – 3 EL Weizenmehl

125 ml pürierte Tomaten

500 ml belgisches Bier (Lager)

3 frische Lorbeerblätter

1 Bund Thymian

Meersalz und zerstoßener Pfeffer

zum Servieren

gebratene Pilze

cremiges Kartoffelpüree

Für 4 Personen

Das Fleisch in 5 cm große Würfel schneiden. Olivenöl in einer hitzebeständigen Kasserolle erhitzen und das Fleisch darin portionsweise gut durchbraten. Auf einem Teller mit dem Bratensaft beträufeln. Zwiebeln in die Kasserolle geben (gegebenenfalls mit etwas Olivenöl) und langsam weich dünsten, bis sie leicht gebräunt sind. Knoblauch zufügen und einige Minuten mitbraten. Knoblauch und Zwiebeln mit einem Schaumlöffel an die Seite schieben. Das Mehl über das Öl in der Kasserolle streuen und unter Rühren bräunen (es dürfen keine weißen Stückchen zu sehen sein, sie werden sonst zu Klümpchen). Fleisch und Bratensaft wieder in die Pfanne geben, Tomaten, Bier und Kräuter zufügen, aufkochen und zugedeckt bei geringer Hitze 2 – 3 Stunden im Ofen auf der oberen Schiene köcheln lassen.

Am besten alles über Nacht kalt stellen. Eine Stunde vor dem Servieren das Fett von der Oberfläche abschöpfen und die Kasserolle im Ofen auf der oberen Schiene bei 200 °C langsam erhitzen.

Inzwischen die Pilze in etwas Öl und Butter anbraten und das Kartoffelpüree zubereiten. Zum Servieren das Kartoffelpüree auf 4 große Schalen verteilen, daneben das Fleisch anrichten und die gebratenen Pilze darüber geben.

Die heiße Brühe vorsichtig um das Gericht herum gießen und servieren.

Lamm-Tagine

mit Honig und Quitten

Die Quitten verleihen dem marokkanischen Tagine einen wunderbaren Duft! Sie können aber auch Äpfel oder gar feste Birnen verwenden. Honig oder Früchte mit Fleisch behagen mir eigentlich nicht so sehr, aber diese Tagine ist wirklich eine köstliche Ausnahme.

4 EL Olivenöl

1,5 kg Lammnacken ohne Knochen, in große Stücke geschnitten (oder anderes Fleisch)

2 Zwiebeln, gerieben

3 EL Petersilie, gehackt

2,5 cm frischer Ingwer, gerieben

1 Zimtstange

1 Messerspitze Safranfäden, 20 Minuten zugedeckt in kochendem Wasser eingeweicht oder 2 Päckchen Safranpulver

2 Quitten, 3 Birnen oder 3 Äpfel, geschält, geviertelt und Gehäuse entfernt

3 EL Honig

Salz und Pfeffer

Korianderzweige zum Servieren

Pistazien-Couscous

450 g Couscous

1¼ l Brühe oder Wasser

4 EL Pistazien, geschält

2 EL Pinienkerne

1 EL Butter

Für 4 Personen

Öl in einer Kasserolle erhitzen, dann das Fleisch hineingeben und sautieren. Zwiebeln, Petersilie, Ingwer, Zimt und Safran zufügen, ebenso genügend kochendes Wasser, um alles zu bedecken. Aufkochen, abschöpfen und bei geringer Hitze etwa 1 Stunde weiterschmoren, bis das Fleisch gar ist.

Das Fleisch herausnehmen. Früchte, Honig, Salz und Pfeffer sowie 250 ml kochendes Wasser in den Topf geben und alles weich köcheln (Birnen und Äpfel nur wenige Minuten, Quitten etwas länger).

Das Fleisch zurück in die Pfanne geben und zugedeckt weitere 15 Minuten köcheln lassen.

Inzwischen den Couscous in eine hitzebeständige Schüssel geben, mit kochendem Wasser übergießen und zum Warmhalten in den Ofen stellen, bis die Flüssigkeit absorbiert ist. Pistazien blanchieren und enthülsen. Die Kerne etwa 30 Sekunden in einer trockenen Bratpfanne goldbraun rösten. Butter unter den Couscous rühren und mit einer Gabel die Körner auflockern, danach die Pistazien unterrühren.

Den Couscous in 4 Schalen häufen, den Tagine mit einem Löffel ringförmig um den Couscous herum anrichten und mit Korianderzweigen garnieren.

Unter Liebhabern wird viel über die genaue Zusammensetzung des Irish Stew diskutiert. Einige bestehen auf Möhren, andere finden das abwegig. Ich nehme am liebsten ganz junge gelbe Kartoffeln und nicht die weißen mehligen Sorten; sie weichen in der Brühe nicht auf. Zwar schmeckt die trübe Brühe köstlich, aber ich finde, sie sieht immer ein wenig grob aus. Ich lasse sie in diesem Rezept in klarem Goldton. Dazu verwende ich gerne größere Stücke Lammfleisch, als sonst meist empfohlen wird. So bleibt das Fleisch schön saftig.

Irish Stew

Öl oder Butter in einer Kasserolle erhitzen, die Zwiebelstücke von beiden Seiten braun anbraten und auf einen Teller geben. Das Lammfleisch in der Kasserolle portionsweise von beiden Seiten braun anbraten. Hühnerbrühe, Wein und Gewürze zugießen. Aufkochen und zugedeckt bei geringer Hitze 30 – 35 Minuten köcheln lassen. Von der Herdplatte nehmen und das Ganze am besten über Nacht in der Kasserolle erkalten lassen.

Ca. 1 Stunde vor dem Servieren das Fett entfernen, dann Kartoffeln, Möhren und Sellerie in die Kasserolle geben und das Gemüse darin weich kochen. Gegebenenfalls *beurre manié* unterrühren und so lange kochen, bis die Flüssigkeit angedickt ist. Abschmecken. Zum Servieren das Fleisch und Gemüse auf 4 große Schalen verteilen, die Brühe darüber gießen und mit Petersilie bestreuen. Dazu Laugenbrot und Guiness reichen.

2 EL Maiskeimöl oder Butter

3 große Zwiebeln, in 6 Stücke geschnitten

1,5 kg Lammnacken ohne Knochen oder anderes Lammfleisch zum Schmoren, in ca. 5 cm große Stücke geschnitten

600 ml kochende Hühnerbrühe

300 ml Weißwein

1 kg gelbe Frühkartoffeln, geschält

3 große Möhren, in dicke Scheiben geschnitten, oder 12 Baby-Möhren

1 Selleriestange, in feine Scheiben geschnitten

***beurre manié* (1 EL Butter mit 1 EL Weizenmehl verknetet; nach Belieben)**

1 Bund Petersilie, gehackt

Meersalz und zerstoßener Pfeffer

Für 4 Personen

Variation:

Skandinavischer Seemannseintopf

Kurioserweise wird dieser Eintopf mit Rindfleisch und nicht mit Fisch zubereitet. Vielleicht hatten die Seeleute einfach genug vom Fisch! Anstelle des Lamms wird Rindfleisch geschmort. Aus der Pfanne nehmen und Zwiebeln darin glasig dünsten. Die Kartoffeln in feine Scheiben schneiden und mit der Hälfte den Boden einer hitzbeständigen Kasserolle bedecken, darüber Fleisch und Zwiebeln anrichten. Restliche Kartoffeln zufügen und würzen. Anschließend 600 ml Lagerbier zugießen, aufkochen und zugedeckt bei geringer Hitze oder auf der oberen Ofenschiene ca. 1 ½ Stunden köcheln lassen. Fleisch und Gemüse auf 4 große Schalen verteilen, das Fett abschöpfen und den Bratensaft über die Schalen gießen. Dazu dänisches Bier und Roggenbrot reichen.

Westfälisches Schweinefleisch

mit jungen Kartoffeln und geräuchertem Speck

Ein erstaunlich einfaches Rezept, das nach der für ihr Schweinefleisch berühmten Region benannt worden ist. Nehmen Sie am besten Frühkartoffeln, diese können Sie ganz lassen.

1,5 kg kleine Frühkartoffeln, nach Möglichkeit gelb oder rosa, geschält und je nach Größe längs halbiert

3 Zwiebeln, in Stücke geschnitten

ca. 8 Scheiben geräucherter Speck (genug, um den Boden einer Kasserolle damit zu bedecken), Schwarte entfernt

4 große oder 8 kleine Schweinekoteletts

600 g Crème fraîche

125 ml Weißwein

125 ml weißer Wermut

1 Zimtstange

50 g Butter, gewürfelt

6 Thymianzweige, und noch etwas zum Garnieren

frisch gemahlener schwarzer Pfeffer

Für 4 Personen

Den Boden einer Kasserolle mit Speckscheiben auslegen. Ein Schicht Zwiebeln und Kartoffeln darüber verteilen und dann die Schweinekoteletts darauf anrichten. Crème fraîche zugeben, anschließend Weißwein und Wermut zugießen. Die Zimtstange in die Mitte stecken, dann alles mit Thymianzweigen und viel frisch gemahlenem schwarzem Pfeffer würzen.

Aufkochen, dann die Hitze sofort reduzieren und alles zugedeckt bei geringer Hitze (gegebenenfalls auf einen Untersetzer stellen) ca. 1 Stunde köcheln lassen, bis sich das Fleisch vom Knochen löst. (Die Flüssigkeit darf nicht kochen, damit das Fleisch nicht hart wird und die Sauce nicht gerinnt).

Das Fleisch in 4 große Schüsseln legen, etwas Speck, Ziebeln und Kartoffeln zufügen und mit der Brühe überziehen. Thymianzweige zugeben und servieren.

Nach Wunsch kann das Schweinefleisch auch in mundgerechte Stücke geschnitten und mit großen Suppenlöffeln serviert werden. Dazu kann knuspriges französisches Baguette und spritziger Weißwein oder ein Lagerbier gereicht werden.

Variieren Sie das Gemüse für dieses Currygericht nach Belieben wie dies die Köche auf Jamaika auch tun. Als echter Kürbisliebhaber sollten Sie darauf achten, nur grauen oder grünen Kürbis zu verwenden, denn das Fleisch des gelben Gartenkürbis ist zu wässrig. Wenn Sie den Speck weglassen, haben auch Vegetarier ihre wahre Freude an diesem pikanten Curry!

Pikantes Gemüsecurry aus der Karibik

mit knusprigem geräuchertem Speck

2 EL Maiskeimöl

125 g geräucherter Speck oder Pancetta, in Streifen geschnitten (nach Belieben)

½ sehr scharfe Chilischote, geputzt und in feine Ringe geschnitten

1 Zimtstange

3 Gewürznelken

6 Kardamomkapseln

1 rote Zwiebel, in Stücke geschnitten

500 ml Hühnerbrühe

500 ml Kokosmilch

gekochter Reis zum Servieren

Wahlweise

250 g Kürbisstücke

2 orangefarbene Süßkartoffeln, in Stücke geschnitten

1 Kochbanane, geschält und in diagonale Scheiben geschnitten

1 Chayote-Kürbis, gewürfelt

8 runde gelbe Auberginen

8 Patty Pan-Kürbisse oder 4 kleine Zucchini

125 g Zuckererbsen

6 kleine oder 2 große rote Paprika, schwarz geröstet, geschält und entkernt

Für 4 Personen

1 EL Maisöl in einer Pfanne erhitzen, gegebenenfalls den Speck zufügen und knusprig braten. Auf Küchenpapier abtropfen lassen.

Restliches Öl in der Pfanne erhitzen und Chilischoten, Zimt, Gewürznelken und Kardamonsamen zufügen und sehr scharf anbraten, bis sich das Aroma voll entfaltet hat. Die Zwiebelstücke zugeben und weich dünsten, bis sie leicht gebräunt sind. Anschließend wenden und von der anderen Seite braten. Herausnehmen und beiseite stellen.

Wahlweise Kürbis, Süßkartoffeln, Kochbanane, Chayote oder Auberginen zufügen und gut mit den Gewürzen mischen. Die Brühe zugießen und das Gemüse fast gar kochen. Gegebenenfalls Patty Pans oder Zucchini zufügen und 2 Minuten mitgaren. Zuckererbsen zugeben und weitere 2 Minuten braten. Kokosmilch zugießen und erhitzen, aber nicht aufkochen. Gegebenenfalls die vorbereiteten Minipaprika und die zurückbehaltenen Zwiebeln zugeben. Die Pfanne vom Herd nehmen und abdecken.

Den Reis auf 4 vorgewärmte große Schalen verteilen, Gemüse und Sauce zugeben und zuletzt nach Wunsch noch den knusprigen Speck.

Diese traditionelle süß-salzige Kreation lässt sich ganz einfach zusammenstellen, und es können beliebig viele Zutaten dazu genommen oder weggelassen werden. Unbedingt dabei sein sollten aber Koriander, Frühlingszwiebeln, eine oder zwei Chilischoten und eine thailändische Currypaste – hier ist es eine mildere, die Orangen-Musaman-Paste.

Thailändische Nudeln

mit Chilischoten, Schweinefleisch und Garnelen

4 Bündel Reis-Vermicelli

Maiskeimöl zum Fritieren

Beilagen

1 EL Maiskeimöl

1 EL thailändische Chilipaste, zum Beispiel Musaman

4 Schweinekoteletts, ohne Knochen und in Streifen geschnitten

4 – 8 rohe Garnelen, geschält und je nach Größe der Länge nach halbiert

1 – 4 Chilischoten, in feine Ringe geschnitten

8 Frühlingszwiebeln, in feine Ringe geschnitten

1 Bund Koriander

Süße thailändische Sauce

125 ml Reisessig

100 g Palm- oder brauner Zucker

4 EL Sojasauce

4 EL Fischfond

Für 4 Personen

Für die Sauce Essig, Zucker, Sojasauce und Fischfond in eine Pfanne geben und unter Rühren kurz aufkochen lassen. Warm stellen.

Für die Beilagen Öl in einer Bratpfanne erhitzen und die Chilipaste scharf anbraten (ca. 1 – 2 Minuten). Schweinefleisch zugeben und knusprig anbraten, dann die Garnelen 1 Minute mitgaren und in einer Schüssel warm stellen. Chilischoten und Frühlingszwiebeln 1 Minute anbraten und zu den Garnelen und dem Schweinefleisch geben.

Für die Nudeln 4 große vorgewärmte Schalen mit zerknittertem Küchenpapier auslegen. Anschließend einen Wok zu einem Drittel mit Maiskeimöl füllen und auf 190 °C erhitzen. Das Öl ist heiß genug, wenn eine Nudel sofort aufgeht und sich kräuselt. Ein Bündel Nudeln hineingeben. Sie werden sofort aufgehen. 1 Minute braten, bis sie leicht golden sind; dann mit einer Zange wenden und von der anderen Seite braten. Die Nudeln in eine der Schalen geben. Die übrigen drei Nudelbündel genauso zubereiten (darauf achten, dass das Öl heiß bleibt und Nudelreste nach jedem Braten entfernt werden).

Wenn alle Bündel gebraten sind, in den Schalen wenden und das Küchenpapier entfernen. Schweinefleisch, Garnelen, Frühlingszwiebeln und Chilis über den Nudeln verteilen. Süßes heißes Dressing darüber gießen und mit Korianderzweigen garnieren. Sofort mit Stäbchen servieren.

Register

B

Bengalisches Fischcurry mit Kokos-Basmatireis 47
Bohnen: Ful Medames mit Tabbouleh und Fladenbrot 38
  Marokkanische Harira-Suppe mit Kichererbsen und Linsen 4

C

Caesar Salat 20
Carbonade:
  Rindfleisch-Carbonade mit Pilzen und Kartoffelpüree 52
Cassoulet mit ofengegrillter Entenbrust und Knoblauchwurst 51
Chinesisch:
  Chinesische Kostbarkeiten-Suppe 12
  Entensalat mit Pampelmuse und Sojabohnensprossen 29
Curry: Bengalisches Fischcurry mit Kokos-Basmatireis 47
  Pikantes Gemüsecurry aus der Karibik mit knusprigem geräuchertem Speck 60

D

Deutsch: Westfälisches Schweinefleisch mit jungen Kartoffeln und geräuchertem Speck 59

E

Ente: Cassoulet mit ofengegrillter Entenbrust und Knoblauchwurst 51
  Chinesischer Entensalat mit Pampelmuse und Sojabohnensprossen 29

F

Fettuccine mit Pesto- und Gorgonzolasauce 34
Fisch: Bengalisches Fischcurry mit Kokos-Basmatireis 47
Französisch: Cassoulet mit ofengegrillter Entenbrust und Knoblauchwurst 51
  Rindfleisch-Carbonade mit Pilzen und Kartoffelpüree 52
  Salat Niçoise 26
Ful Medames mit Tabbouleh und Fladenbrot 38

G

Garnelen: Chinesische Kostbarkeiten-Suppe 12
  Garnelen, im Ofen gegrillt in einer Marinade aus Chili und Zitronengras 44
  Kalter Salat aus japanischen Soba-Nudeln 32
  Meeresfrüchte alla Neapolitana 48
  Nudelsalat thailändisch mit Shiitake-Pilzen und Chilidressing 30
  Singapur Laksa 8
  Thailändische Nudeln mit Chilischoten, Schweinefleisch und Garnelen 62
Gemüse: Pikantes Gemüsecurry aus der Karibik mit knusprigem geräuchertem Speck 60

I

Indisch: Bengalisches Fischcurry mit Kokos-Basmatireis 47
Irish Stew 56
Italienisch: Fettuccine mit Pesto- und Gorgonzolasauce 34
  Kürbisrisotto 37
  Meeresfrüchte alla Neapolitana 48
  Panzanella 25
  Tortelloni mit Walnuss-Sauce 41
  Toskanische Ribollita 19

J

Japanisch: Kalter Salat aus japanischen Soba-Nudeln 32
  Nudelsuppe mit Seetang und geräuchertem Fisch 15
  Japanische Nudelsuppe mit Seetang und geräuchertem Fisch 15

K

Karibisch: Pikantes Gemüsecurry aus der Karibik mit knusprigem geräuchertem Speck 60
Kürbisrisotto 37

L

Laksa, Singapur 8
Lamm: Irish Stew 56
  Lamm-Tagine mit Honig und Quitten 55

M

Marokkanische Harira-Suppe mit Kichererbsen und Linsen 42
Meeresfrüchte: Meeresfrüchte alla Neapolitana 48
  Singapur Laksa 8
Muscheln: Thailändische Muschelsuppe mit Kokosmilch und Zitronengras 11

N

Nordafrika und Mittlerer Osten
  Ful Medames mit Tabbouleh und Fladenbrot 38
  Lamm-Tagine mit Honig und Quitten 55
  Marokkanische Harira-Suppe mit Kichererbsen und Linsen 42
Nudeln: Japanische Nudelsuppe mit Seetang und geräuchertem Fisch 15
  Kalter Salat aus japanischen Soba-Nudeln 32
  Nudelsalat thailändisch mit Shiitake-Pilzen und Chilidressing 30
  Pho Bo – vietnamesische Nudelsuppe mit Rindfleisch 16
  Thailändische Nudeln mit Chilischoten, Schweinefleisch und Garnelen 62

P

Panzanella 25
Pasta: Fettuccine mit Pesto- und Gorgonzolasauce 34
  Tortelloni mit Walnuss-Sauce 41
Pho Bo – vietnamesische Nudelsuppe mit Rindfleisch 16

R

Reis: Bengalisches Fischcurry mit Kokos-Basmatireis 47
  Kürbisrisotto 37
Ribollita, Toskanisch 19
Rindfleisch: Pho Bo – vietnamesische Nudelsuppe mit Rindfleisch 16
  Rindfleisch-Carbonade mit Pilzen und Kartoffelpüree 52
  Skandinavischer Seemannseintopf 56

S

Salat: Chinesischer Entensalat mit Pampelmuse und Sojabohnensprossen 29
  Panzanella 25
  Salat mit Blauschimmelkäse mit knuspiger Pancetta und Pinienkernen 22
  Salat Niçoise 26
  Nudelsalat thailändisch mit Shiitake-Pilzen und Chilidressing 30
Schweinefleisch: Thailändische Nudeln mit Chilischoten, Schweinefleisch und Garnelen 62
  Westfälisches Schweinefleisch mit jungen Kartoffeln und geräuchertem Speck 59
Singapur Laksa 8
Skandinavischer Seemannseintopf 56
Speck Pikantes Gemüsecurry aus der Karibik mit knusprigem geräuchertem Speck 60
  Salat mit Blauschimmelkäse mit knuspiger Pancetta und Pinienkernen 22
  Westfälisches Schweinefleisch mit jungen Kartoffeln und geräuchertem Speck 59
Suppen: Chinesische Kostbarkeiten-Suppe 12
  Japanische Nudelsuppe mit Seetang und geräuchertem Fisch 15
  Marokkanische Harira-Suppe mit Kichererbsen und Linsen 42
  Pho Bo – vietnamesische Nudelsuppe mit Rindfleisch 16
  Singapur Laksa 8
  Thailändische Muschelsuppe mit Kokosmilch und Zitronengras 11
  Toskanische Ribollita 19

T

Tabbouleh: Ful Medames mit Tabbouleh und Fladenbrot 38
Tagine: Lamm-Tagine mit Honig und Quitten 55
Thailändisch: Muschelsuppe mit Kokosmilch und Zitronengras 11
  Nudelsalat mit Shiitake-Pilzen und Chilidressing 30
  Thailändische Nudeln mit Chilischoten, Schweinefleisch und Garnelen 62
Tortelloni mit Walnuss-Sauce 41

V

Vietnamesisch: Garnelen, im Ofen gegrillt in einer Marinade aus Chili und Zitronengras 44
  Pho Bo – vietnamesische Nudelsuppe mit Rindfleisch 16

W

Westfälisches Schweinefleisch mit jungen Kartoffeln und geräuchertem Speck 59